Konrad Polak

MITTEN IM UNENDLICHEN

Gedichte vom Sein

© 2021 Konrad Polak

Verlag und Druck:
tredition GmbH, Halenreie 40-44, 22359 Hamburg

ISBN
Paperback: 978-3-347-23682-0
Hardcover: 978-3-347-23683-7
e-Book: 978-3-347-23684-4

INHALTSVERZEICHNIS

ICH

Lebensweg

Herkunft

Jetzt

In der Mitte

Wohin?

Spannung

Nur mich

Los sein

Erfahrungen

Vogelseele

Sehnsüchte

Ichloses Sein

Endlich

Aus Erde

Suche

ERWACHEN

Verweilen

Aufwachen

Nichts bleibt

Stille

Vision

Die Brücke

Nachspüren

Öffnen

Viele Wege

Das Ahnen

Ichvergessen

Hinausgehen

Eines nur

Offenheit

Hingabe

VERGÄNGLICH

Vergängliches

Ende

Das Gewand

Vorübergang

Es wird sein

Flüchtig

Wandel

Zurückgeben

Endlich

Zeiten

Kind der Leere

Vertrauen

Im Sterben

VOM SEHNEN

NICHT ZWEI

Alles ist Licht

Atem

Alles bist Du

Ein Sein

Beides

Nur das

Hier

Ist es das?

Widerhall

Tanz

Du und ich

Etwas tun

Vor dem Anfang

STAUNEN

EIN WUNDER

Mitten im weiten All

leuchtende Galaxien

wie belebte Planeten.

Inmitten des Nichts

Pflanzen, Tiere

und Menschen.

Was für Wunder

ereignet sich da

im leeren All.

SCHÖPFUNGSSPIEL

Wie der Regenbogen

aus farblosem Licht

aufleuchtet

entfaltet sich

das Unendliche

zu Welten und Wesen.

Eine Zeit lang

gibt sich das Formlose

in Formen,

bevor es

im Vergehen

zurückkehrt in sich.

VERWANDLUNG

Das Unendliche

wurde zur Welt,

um Gestalt

zu gewinnen,

wurde Körper,

um zu atmen,

zu essen und

zu fühlen,

wurde Mensch,

um zu denken,

zu sehnen

und zu lieben.

Ist das nicht

zum Staunen.

AM SEE

Das Sonnenlicht

liebt das Grün

und die Pflanzen

lieben das Licht.

Der Wind

liebt das Schilf

und die Halme

lieben den Wind.

Fische und Vögel

lieben das Wasser

und der See

liebt die Tiere.

Das offene Herz

kann es spüren:

Alles ist seit je

von Liebe erfüllt.

DA SEIN

Einfach da sein

wie die Sonne,

ein Berg oder

ein Baum.

Nichts

Besonderes:

Sein sein -

und erfahren,

wie es ist

zu sein.

WEITE

Im Morgenlicht

ein Gewässer

mit schilfreichen Ufern.

Vogelschreie

Durchdringen

den Morgennebel.

Die Weite

über dem See

endet nicht

an den Wolken,

der Sonne

oder im All.

WIDERHALL

Im Menschen

erfährt

sich das All.

Sinnesorgane

des Universums

sind wir,

Spiegel wie

Erforscher

der Welt

und Wesen,

in denen

das Sein

widerhallt.

FRÜHLINGSSTURM

Leuchtende Wolken

eilen über das Land.

Grünende Bäume

schwingen in Böen.

Segelnde Vögel

steigen im Wind.

So viel Leben

in allem, was ist.

WUNDER

Ein Wunder,
dass Sterne leuchten
im dunklen All.

Ein Wunder,
dass eine Amsel singt
in dieser Welt.

Ein Wunder,
dass da Menschen sind
auf dieser Erde.

Ein Wunder auch,
dass wir das
bestaunen können.

DAS SEHNEN DES ALLS

Das Verlangen des Alls
lässt Sterne entstehen
und verschmelzen.

Das Sehnen der Erde
bringt Pflanzen, Tiere
und Menschen hervor.

Menschliches Sehnen
bringt Liebe hervor,
Entdeckungen und Kunst.

So treibt das Sehnen
die Entfaltung
des Einen voran.

GOTTES ABENTEUER

Sich zu entfalten

verkörpert sich Gott

in Sonnen und Erden,

Pflanzen und Tieren.

Sich zu erfahren

lebt und tanzt Gott

in Sternen und Atomen,

Mücken und Menschen.

Auch die Rückkehr

ins Einssein ist

nichts als ein

Abenteuer Gottes.

INHALTE

Die Knospe
enthält das Blatt
und der Same
die Pflanze.

Das Ei
birgt den Vogel,
die Schwangere
das Kind.

Wir alle aber
tragen wohl
das Unendliche
tief in uns.

DAS DASEIN

Sein sein,

das eine, weite,

namenlose Sein.

Geist sein,

der eine, weite,

namenlose Geist.

Leben sein,

das eine, weite,

namenlose Leben.

Und auch dies:

Mensch sein,

ein wacher,

offener Mensch.

NACHTHIMMEL

Im Nachthimmel

begegnen wir

der Unendlichkeit

des Alls.

Durch unser Sehen

aber wird

die Sternwüste

zur offenen Weite.

SINN UND ZWECK

Was nur ist

der Zweck der Welt?

Da-Sein ist

der Zweck der Welt.

Was nur ist

der Sinn des Lebens?

Leben ist

der Sinn des Lebens.

Was nur ist

das Ziel der Liebe?

Lieben ist

das Ziel der Liebe.

Oder?

ICH

LEBENSWEG

Zwischen Werden

und Vergehen

liegt mein Leben.

Seine Quelle ist

wohl auch das Ziel

meiner Sehnsucht.

Wohin sonst

als zum Ursprung

könnte ich gehen?

HERKUNFT

Das Endliche
ist das Kind
des Endlosen,

das Zeitliche
das Kind
des Zeitlosen.

Beides ist in mir,
das Endliche wie
das Unendliche,

beides bin ich,
ein Geschöpf wie
dessen Ursache.

JETZT

Jetzt atme ich.

Oder:

ES atmet in mir.

Jetzt fühle ich.

Oder:

ES fühlt in mir.

Jetzt bin ich.

Oder:

ES ist in mir.

Und - ES ist

durch mich

in der Welt.

IN DER MITTE

Im Zentrum des Alls,

um das

die Galaxien schweben,

ist nichts.

Das seltsame Ich,

um das

mein Leben kreist,

ist leer.

Alles dreht sich

um ein Nichts,

und doch ist es

ein schöner Tanz.

WOHIN?

Wohin nur

mit meiner

Sehnsucht?

Soll ich singen,

weinen

oder schreien?

Wohin nur

mit meinem

Schmerz?

Soll ich erstarren,

demonstrieren

oder randalieren?

Wohin nur

soll ich

mit mir?

SPANNUNG

Ausgespannt

lebe ich

zwischen

dort und hier,

dann und jetzt.

Verwunschen

lebe ich

zwischen

Suche und

Frieden.

Wie werde ich

ganz?

NUR MICH

Ich habe nur mich,

diesen kleinen Körper,

um in der Welt zu sein.

Ich habe nur mich,

diesen engen Geist,

das Sein zu verstehen.

Ich habe nur mich,

dieses flüchtige Leben,

zu fühlen und zu handeln.

Aber habe ich mich?

Und wer ist dieses „Ich",

das mich hat?

LOS SEIN

Widerstandslos
und dadurch offen,
wunschlos und
deshalb frei sein.

Ziellos und
so angekommen,
grenzenlos und
deshalb alles sein.

Ich-los und
so ungetrennt,
gottlos und
dadurch eins sein.

ERFAHRUNGEN

Ich habe

die Tiefe des Seins

wie die Leere des Ichs

erfahren.

Dennoch

klammere ich mich

an dieses „Ich".

Wer ist es,

der erfährt,

und wer klammert

sich da an was?

VOGELSEELE

Ich bin wie ein Ei,

dass bald aufbricht,

und wie ein Küken,

das sich ins Nest duckt.

Ich bin wie ein Junges,

das bei der Mutter hockt,

und wie ein Jungvogel,

dessen Flügel sich öffnen.

Ich bin wie ein Falke,

der im Aufwind kreist,

und wie ein Zugvogel,

der in die Ferne zieht.

Ich habe ein Vogelherz

voller Sehnsucht

und eine Vogelseele,

die emporschwingen will.

SEHNSÜCHTE

Da ist der Wunsch,

beheimatet,

wie das Verlangen,

unbegrenzt zu sein.

Da ist das Streben,

ich selbst,

wie das Sehnen,

eins mit allem zu sein.

Mit all den Träumen

lebe ich,

all das zerreißt

mich fast.

ICHLOSES SEIN

Ein Ich ist Sein,

das sich abgrenzt

von anderem Sein.

Ein ichloses Sein

ist gleichsam

grenzenloses Sein.

Ist das aber

lebbar

in dieser Welt?

ENDLICH?

Ich bin

etwas Endliches

im Vergänglichen

und zugleich

etwas Ewiges

im Unendlichen.

AUS ERDE

Aus Erde bin ich

und kehre

zur Erde zurück.

Aus Licht bin ich

und kehre

ins Licht zurück.

Aus Ewigem bin ich

und kehre

ins Ewige zurück.

SUCHE

Ich suchte ES

in Büchern wie

bei Lehrern,

aber ES ist

im Tau wie

im Vogelflug.

ERWACHEN

VERWEILEN

Innehalten

und nichts tun.

Aus Hast

und Ablenkung

in den Raum

treten,

der offen

und weit ist.

AUFWACHEN

Aus Enge
zur Weite,

aus Trennung
zu Ganzheit,

aus Ängsten
zum Leben

erwachen.

NICHTS BLEIBT

Wenn alle

Vorstellungen

und Bilder

von Welt

und ich

gelassen werden,

bleibt nichts

als pures Sein

in der Weite.

STILLE

Lasst uns

Unerwartetem

begegnen,

dem Geheimnis

Raum geben

und

das Unendliche

in uns

umfangen.

VISION

Jede Gewissheit,

jedes Urteil und

jedes Wollen

aufgeben

und dadurch

ein lebendiger

Mensch mitten

im Jetzt sein.

DIE BRÜCKE

Schweigen
ist der Zugang
zur Stille.

Innehalten
ist der Weg
in die Tiefe.

Wahrnehmen
ist die Brücke
ins Eine.

NACHSPÜREN

Die Stille erfahren,

die jeden Laut trägt,

die Sehnsucht fühlen,

die im Dasein wohnt,

die Weite erahnen,

die alles umgibt

und dadurch

still und weit werden.

ÖFFNEN

Die Hände öffnen:

Berühren,

ohne zu halten.

Den Geist öffnen:

Wahrnehmen,

ohne zu werten.

Das Ich öffnen:

Grenzenlos

und eins sein.

VIELE WEGE

Viele Wege

gibt es aus

der Enge des Ichs

in die Weite:

Buddhas Weg ist

Wunschlosigkeit,

Abrahams Weg

Vertrauen.

Mohammeds Weg
ist Gehorsam,
und Christi Weg
die Liebe.

Immer jedoch
ist es die Hingabe,
die aus dem Ich
ins Einssein führt.

DAS AHNEN

Jahrzehnte

einer unbestimmten

Sehnsucht.

Dann

eine Ahnung

dieses Anderen.

Die Weite atmet,

die Tiefe gebiert,

die Stille spricht.

Es ist wie

ein Wunder

mitten im Leben.

ICHVERGESSEN

Im Vergessen

des Ichs und

seiner Wünsche

ein Eintauchen

in den Frieden

der Ichlosigkeit.

Ohne Selbstbild

und Wollen

geschieht

Weilen im Sein,

im zeitlosen

„Ich bin".

HINAUS GEHEN

Bewusst in sich sein,

und doch hinausgehen

über sich selbst,

in der Welt sein,

und doch hinausgehen

über dieses Sein,

um zeitweise

in dem zu weilen,

was namenlos ist,

sich zu erfrischen

und zu beleben

in der Quelle des Seins.

EINES NUR

Um dieses Eine nur
bitte ich euch:

Erstickt das Sehnen nicht,
das in euch brennt,

schließt die Tür nicht,
die in die Weite führt,

vergesst die Quelle nicht,
aus der ihr lebt.

OFFENHEIT

Ohne dass

etwas gesucht wird,

öffnet sich alles

und die Grenzen

vergehen.

Ohne dass

etwas gewollt wird,

schwindet alles

und die Lasten

lösen sich auf.

Ohne dass

etwas getan wird,

lichtet sich alles

und beginnt

zu leuchten.

HINGABE

Im Werden

gibt sich das Nichts

ins Sein.

Im Vergehen

gibt sich das Sein

ins Nichts.

Im Hingeben

gibt sich das Ich

in das Eine.

VERGÄNGLICH

VERGÄNGLICHES

Wie schön war der Reif,

der in der Frühe taut,

wie lebendig der Spatz,

den der Falke verdaut.

Wie Selten die Blume,

die gerade verblüht,

wie gewaltig die Sonne,

die doch nur verglüht.

Wie einzig dies Blatt,

das im Winde verweht,

wie kostbar dies Leben,

gerade weil es vergeht.

ENDE ?

Ein Körper stirbt,

doch die Welt bleibt.

Ein Leben endet,

aber das Sein währt.

Das Endliche geht,

das Unendliche ist.

Im Sterben

entfaltet sich Weite.

Alles ist gut.

DAS GEWAND

Der Körper ist

wohl nur ein Kleid,

für eine Lebenszeit.

Gott kleidet sich

in dies´ Gewand,

zu sein in dieser Welt.

Im Sterben aber

kehrt Gott heim

in seine Weite.

VORÜBERGANG

Dieser Sonnenaufgang

und diese Liebesnacht

werden vergehen.

Dieser Traum

und dieser Schmerz

werden vergehen.

Dieser Tag

und dieses Leben

werden vergehen.

Wie schmerzlich

ist das doch,

und wie tröstlich.

ES WIRD SEIN

Es wird
Frühling sein,
und ich werd´
nicht mehr sein.

Wolken
werden ziehen,
und ich werd´
nicht mehr sein.

Menschen
werden lieben,
und ich werd`
nicht mehr sein.

Andere werden

in die Wolken

schauen

und träumen.

Doch vielleicht

werde ich

in den Wolken sein,

in der Erde

und in der Liebe.

FLÜCHTIG

Wie vollkommen

sind Blüte und Tau -

und wie vergänglich.

Wie eigen

ist diese Melodie -

und schon verklungen.

Wie wundervoll

ist dieser Augenblick -

und wie flüchtig.

Wie kostbar

ist dieses Leben -

und schon zerronnen.

WANDEL

Berge, Bäume
wie Menschen
werden und gehen.

Flüchtige Formen
des einen Seins
sind sie.

Im Vergehen
geben sie Raum
für Neues.

Das Eine wandelt sich
und bleibt doch,
was es ist.

ZURÜCKGEBEN

Ich habe im Laufe

meines Lebens

nichts Besonderes

erreicht oder

geschaffen.

Was nur

kann ich

am Ende

meines Lebens

zurückgeben?

Mich!

ENDLICH

Unsere Kraft
ist endlich,
die Sehnsucht
aber unendlich.

Unser Denken
ist begrenzt,
unser Geist
aber grenzenlos.

Es ist nicht leicht,
damit zu leben,
doch zugleich
hoffnungsvoll.

ZEITEN

Eine Stunde

kann lang sein,

aber ein Jahr

ist kurz.

Ein Tag

kann lang sein,

aber ein Leben

ist kurz.

Viel Zeit

hat ein Mensch

auf dieser Erde

nicht,

um anzukommen,

ganz hier zu sein

und das Leben

zu erfüllen.

KIND DER LEERE

Vor allem Sein

war in der Leere

ein Verlangen

zu sein.

Ich bin ein Kind

der Sehnsucht

des Unbegrenzten

nach Gestalt,

des Namenlosen

nach Benennung

und des Einsamen

nach Berührung.

Solange ich bin,

will ich sehen,

fragen, fühlen

und berühren.

VERTRAUEN

Trotz Klimakatastrophe

und Pandemien

werden Menschen

auf der Erde leben.

Auch wenn

die Menschheit ausstirbt,

wird es weiter

Lebewesen geben.

Und wenn

die Sonne verlischt

und das All

kollabiert,

wird das

Unendliche bleiben

und ich werde

darin sein.

IM STERBEN

Endlich kann ich
aus den Grenzen
des Körpers
hinaustreten in
die Fülle des Einen.

Endlich vermag ich
aus der Enge
meiner Vorstellungen
hinauszutreten in
die Weite des Ewigen.

Endlich endet,
was wie ein Warten war.

VOM SEHNEN

SEHNEN

Da ist etwas,

ich weiß nicht was,

das sehnt in mir.

Da ist ein Sehnen,

eins zu sein mit allem,

und ganz im Frieden,

und ein Verlangen

unbegrenzt zu sein,

und unvergänglich.

Wie lebe ich mit

diesen Träumen,

wie halte ich

mein Sehnen aus?

IM UNENDLICHEN

Eine Sonne leuchtet,

eine Wolke zieht,

eine Amsel singt,

ein Mensch staunt

mitten im All.

Begrenzt und

vergänglich

sind sie -

doch in ihnen lebt

das Grenzenlose.

AUS DEM SEHNEN

Aus dem Sehnen

des Unendlichen

entstanden wir.

Doch nun

tragen wir

das Sehnen in uns,

wieder eins,

unendlich und

ewig zu sein.

DAS UNNENNBARE

In manchen Worten

schwingt es,

aus manchen Bildern

leuchtet es,

in manchen Melodien,

klingt es ...

wir ersehnen es,

doch wir vermögen

das Namenlose

nicht zu fassen.

BEGEGNUNG

Endliches und

Unendliches

begegnen sich,

bekämpfen sich,

befruchten sich

in mir.

Das Unendliche

verkörpert sich

im Endlichen,

das Zeitliche

erfüllt sich

im Ewigen.

Und doch

ist Spannung

zwischen ihnen.

UNSAGBAR

Wir wollen

es beschreiben,

aber das Namenlose

bleibt unnennbar.

Wir wollen

es verehren,

aber das Unnahbare

bleibt unerreichbar.

Wir wollen

es erfassen,

aber das Unendliche

bleibt unfassbar.

Wie wir

das Unsagbare

auch nennen:

Es bleibt Geheimnis.

GOTTLOS?

Ich kenne

keinen Gott,

weil man Gott

nicht kennen kann.

Ich habe

keinen Gott,

weil man Gott

nicht haben kann.

Ich verkünde

keinen Gott,

weil man von Gott

nicht sprechen kann.

Aber ich glaube,

dass es nichts gibt

als göttliches Sein

in einem All aus Gott.

MEIN LIED

Mensch bin ich,

Vogel, Gras

und Wind.

Wüste bin ich

und Ozean,

Erde und Sonne,

denn was könnte

mich fassen

oder begrenzen?

UNVERGÄNGLICH

Unendlichkeit bin ich,

die sich verdichtet hat

zu einem Wesen.

Stille bin ich,

die sich gesammelt hat

zu einer Melodie.

Körper gehen,

Strukturen zerfallen,

Lieder verklingen.

Weite und Stille

werden frei,

wenn ich vergehe.

STERBLICH UND EWIG

Ich bin vergänglich

und trage ich doch

das Ewige in mir.

Das Menschliche

in mir fühlt sich

bedroht und

heimatlos

im Unendlichen.

Das Grenzenlose

in mir fühlt sich

fremd und

eingeengt

in dieser Welt.

Wie nur bringe ich

das zusammen

in mir?

SEIN DES EINEN

Nichts bin ich

als das Unbegrenzte
in einem Körper,
etwas Zeitloses
in der Zeit und
etwas Namenloses
mit einem Namen.

Nichts bin ich

als eine Seinsform
des Einen.

SPANNUNG

Weite Seelen
in engen Körpern
sind wir,

offener Geist,
der eingegrenzt ist
und beschränkt.

Unendliches
in Menschenwesen
sind wir,

Ewiges
im kurzen Tanz
des Lebens.

SEHNSUCHTSKRANK

Manche Menschen

sind beunruhigt

von Sehnsucht.

Sie ist wie ein Ruf

des Unfassbaren,

aus dem wir sind.

Nicht jeder

fühlt sich zuhause

in dieser Welt.

Manche von uns

sind wie krank

vom Verlangen

nach dem

Unendlichen.

LIED DES NAMENLOSEN

Das Eine bin ich

und die Vielen,

der Raum

und jedes Sein.

Das Zeitlose bin ich

und die Zeit,

das Jetzt

und die Ewigkeit.

Das Formlose bin ich

und alles Geformte,

das Namenlose

und das Nennbare.

Der Erkennende bin ich

und jenseits

allen Erkennens,

denn ich bin, der ich bin.

SEHNSUCHT

Alles Begrenzte

ist von Weite

umgeben.

Unser Weite

suchendes Auge,

unser Ursprung

suchender Geist

wie unser endlos

sehnendes Herz

sprechen mitten

im Endlichen

vom Unendlichen.

NICHT ZWEI

ALLES IST LICHT

Alles kommt

aus dem Licht.

Licht entfaltet

Raum und Zeit.

Licht gerinnt

zu Materie.

Licht nährt

alles Leben.

Nichts als Licht

ist das Sein,

Licht in Leere

und Dunkelheit.

ATEM

Das Unendliche

atmet aus.

Welten bilden sich,

Formen entstehen,

Wesen werden.

Das Unendliche

atmet ein.

Wesen vergehen,

Formen verwehen.

Welten versinken.

Das Unendliche

bleibt.

ALLES BIST DU

Alles ist voll

von Dir,

dem Namenlosen.

Du bist

die Substanz,

die alles bildet.

Du bist

die Energie,

die alles bewegt.

Alles ist aus Dir,

doch wer bist Du,

Unendlicher?

EIN SEIN

Sich zu erfahren

geht das Eine

- in Formen.

Weltall und Erde,

Mensch und Virus

- eine Welt.

Blatt und Raupe,

Wurm und Vogel

- ein Leben.

Opfer und Täter,

Gute und Feinde

- Menschen.

Lust und Schmerz,

Geburt und Tod

- ein Sein.

BEIDES

Ein Teil sind wir,

und das Ganze,

getrennt

und doch eins.

Jetzt sind wir

und zeitlos,

hier sind wir

und grenzenlos.

Menschenwesen

sind wir

aus dem Ursprung

des Seins.

NUR DAS

Da ist nirgends
etwas Anderes

als das Eine
Unendliche,

das sich immer
wandelnde Ewige.

HIER

Hier in der Welt

wird das Ewige

wiedergeboren,

wächst und blüht,

altert und stirbt.

Hier in der Welt

ist der Zeitlose

in der Zeit - und

der Unendliche

in Gestalten.

Hier in der Welt

hat das Namenlose

Namen - und

das Unberührbare

Schicksale.

Wir selbst sind es,

das Unendliche

in der Zeit.

IST ES DAS?

Diese Idee –

die ist es!

Ist sie das?

Dieses Ziel –

das ist es!

Ist es das?

Dieser Mensch –

der ist es!

Ist er das?

Nun, sie sind

nicht „die"

große Lösung,

doch zugleich

sind sie es,

das Eine.

WIDERHALL

Wie sich im Tau

die Sonne spiegelt

und in der Welle

das Meer rauscht,

atmet in mir

der Unendliche.

TANZ

Unendliche
Weite und Fülle
um mich
wie in mir.

Welten und Wesen
erscheinen,
leuchten auf
und vergehen.

Wie schön,
sich hinzugeben
dem Tanz des Seins
im Nichts.

DU UND ICH

Geist und Materie

Raum und Zeit

bist Du,

der Unendliche.

Du bildest,

durchdringst und

umhüllst alles,

auch mich.

Untrennbar

von mir bist Du,

denn Du bist ich

und ich bin Du,

Unendlicher.

ETWAS TUN

Wenn du

etwas tun willst

für Dich

und die Welt,

dann beende

das Werten,

Urteilen und

Abgrenzen,

dass die Einheit

aufleuchte,

die immer

schon ist.

VOR DEM ANFANG

Vor dem Anfang
des Alls gab es nichts
als das Namenlose.

Was wurde,
entstand und besteht
aus dem Unnennbaren.

Das Unfassbare wird,
sich zu erfahren,
zu Welten und Wesen.

So bin auch ich
etwas Unbegreifliches
im Unendlichen.

Von Konrad Polak sind ebenfalls erhältlich:

DAS ALL IN MIR

Gedichte vom Sein

und

ATMENDES NICHTS

Gedichte vom Sein

Zeitfracht Medien GmbH
Ferdinand-Jühlke-Straße 7
99095 Erfurt, Deutschland
produktsicherheit@kolibri360.de